PIANO / VOCAL / GUITAR

GREGG ALLMAN

SHEET MUSIC ANTHOLOGY

Cover photo by John Lamparski / WireImage

ISBN 978-1-5400-5067-0

Visit Hal Leonard Online at
www.halleonard.com

Contact us:
Hal Leonard
7777 West Bluemound Road
Milwaukee, WI 53213
Email: info@halleonard.com

In Europe, contact:
Hal Leonard Europe Limited
42 Wigmore Street
Marylebone, London, W1U 2RN
Email: info@halleonardeurope.com

In Australia, contact:
Hal Leonard Australia Pty. Ltd.
4 Lentara Court
Cheltenham, Victoria, 3192 Australia
Email: info@halleonard.com.au

AIN'T WASTIN' TIME NO MORE

Words and Mus...
GREGG ALLM...

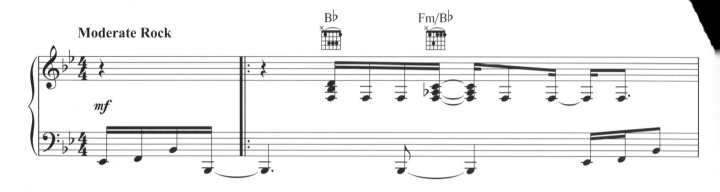

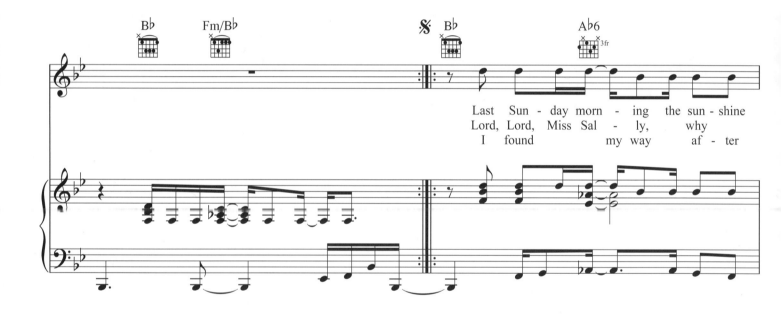

Last Sun - day morn - ing the sun - shine
Lord, Lord, Miss Sal - ly, why
I found my way af - ter

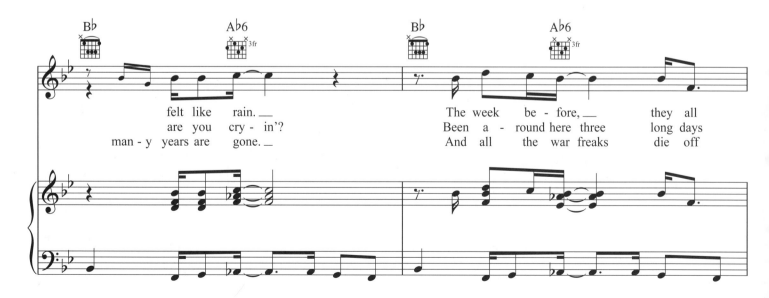

felt like rain. ___ The week be - fore, ___ they all
are you cry - in'? Been a - round here three long days
man - y years are gone. ___ And all the war freaks die off

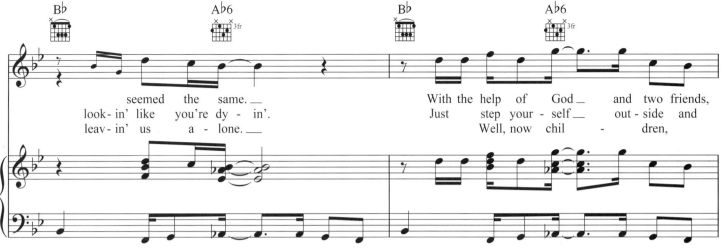

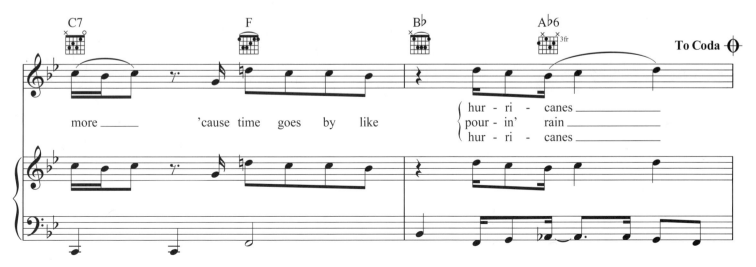

and fast - er things. _____
and much fast - er things. __

You don't need __ no __ gyp - sy to tell you why. _____ You

can't let __ one pre - cious day _____ slip by. _____ But

look out - side __ your - self, __ and if you don't see what you want, may - be

some - times then you don't. _____ Well, leave _ your mind a - lone _ and just get

high, _____ oh yes, _ high.

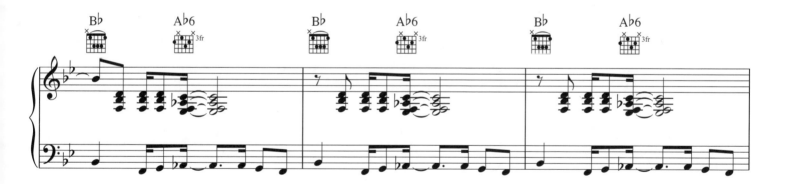

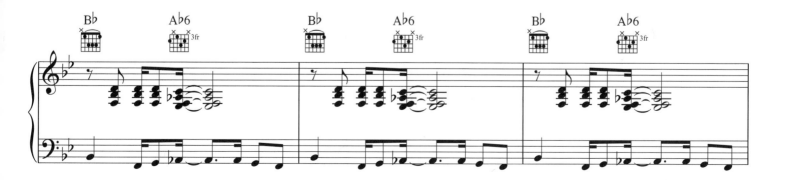

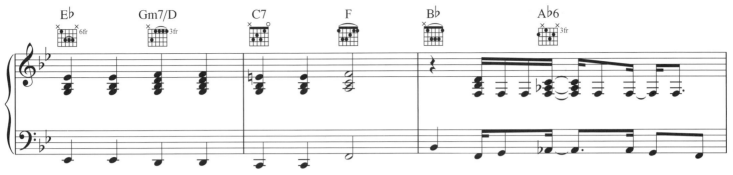

CODA

run-nin' af - ter a sub - way train. ___ Don't for - get ___ the pour -

in' rain. ___

BLACK HEARTED WOMAN

Words and Music by
GREGG ALLMAN

Moderate Rock

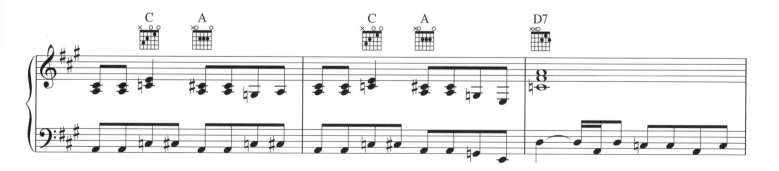

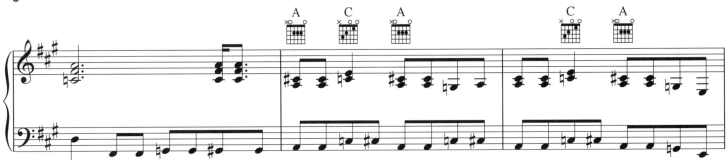

1. Black heart-ed wom-an, _____ can't you see your poor_ man
2. Black heart-ed wom-an, _____ cheap trou-ble and pain is all__ you_
3. *Instrumental solo*
4., 5. *(See additional lyrics)*

dy - in'?   Can't
play. ___

count on both hands, ___ ba - by,   all the lone - ly nights ___ I've been
Black heart - ed wom - an, ___   cheap trou - ble and pain is all ___ you

cry - in'.   Well, I'm
play. ___

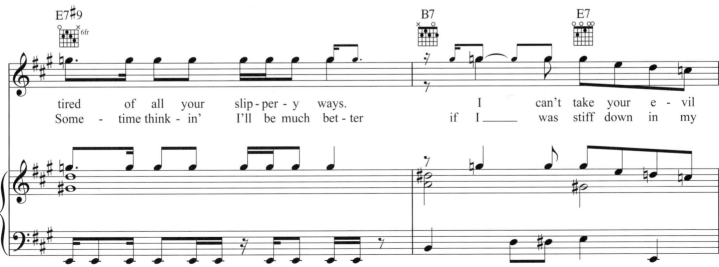

tired of all your slip - per - y ways.   I can't take your e - vil
Some - time think - in' I'll be much bet - ter   if I ___ was stiff down in my

ly - in', _____ oh, no. _____
grave. _____ No, _____ I just can't stay.

Ah, ah, ah, ah, _____ ah, ah,

ah, ah, ah, _____ ah. Ah, ah, ah, _____ ah, ah, ah, ah,

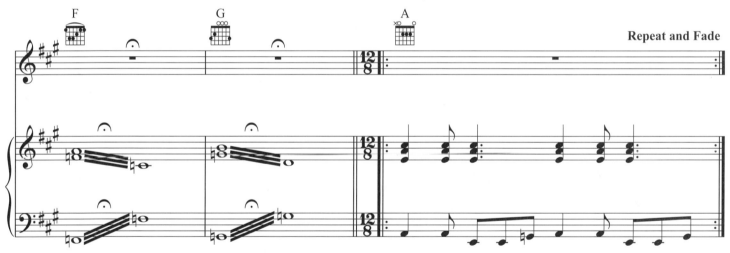

Additional Lyrics

4. Yesterday I was your man,
   Now you don't know my name.
   Yesterday I was your man,
   But now you don't know my name.
   Well, I'm goin' out to find a new way, babe,
   Oh, to get back into your game, yeah, yeah.

5. One of these days,
   I'm gonna catch you with your back-door man.
   Ones of these days, yeah,
   I'm gonna catch you with your back-door man.
   I'll be movin' on down the road, pretty baby,
   Oh, to start all over again, oh yeah.

COME AND GO BLUES

Words and Music by
GREGG ALLMAN

Moderate Funk beat

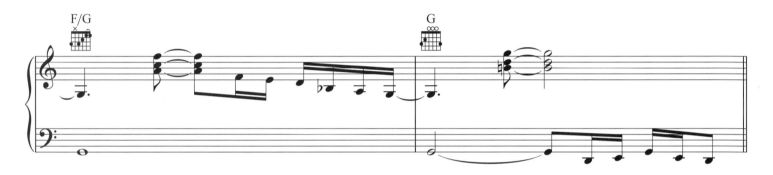

(1., 3.) Peo - ple say _____ that you're no good, _____ but
(2.) Round and round _____ and round we go. _____ Don't

I would - n't cut you loose, _____ ba - by, if I could. _____ Well, I
ask me why I stay _____ here, _____ I don't know. _____ Well,

seem to stand ___ down on the ground. ___
may - be I'm ___ a fool to care. ___

Ba - by, I'm too far gone ___ to turn a - round. ___ Oh, if
With - out your sweet love, ba - by, I would be no - where.

on - ly you ___ would make up ___ your ___ mind. ___
Here I stay, ___ locked in your ___ web, ___

To Coda I ⊕

Take me where ___ you go ___ or leave me way be - hind. ___
'til that day I might find some - bod - y else. ___

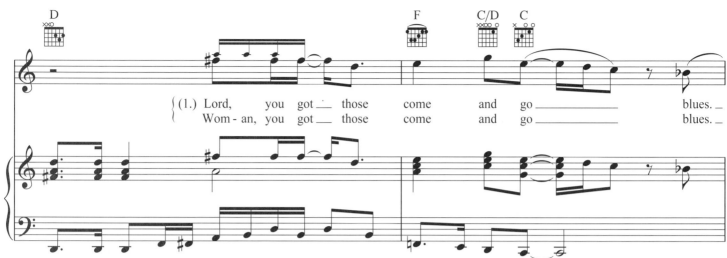

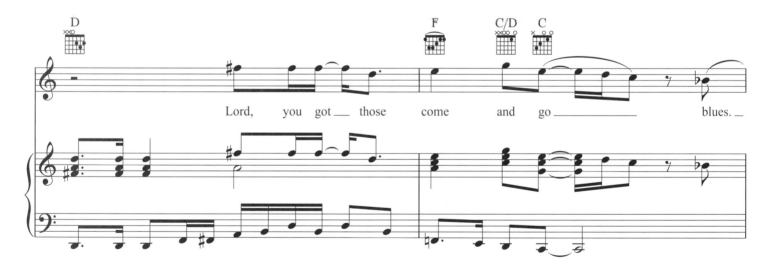

Oh, and you got me feel - ing _____ like a fool. _____

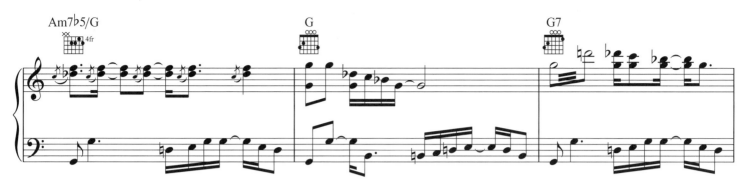

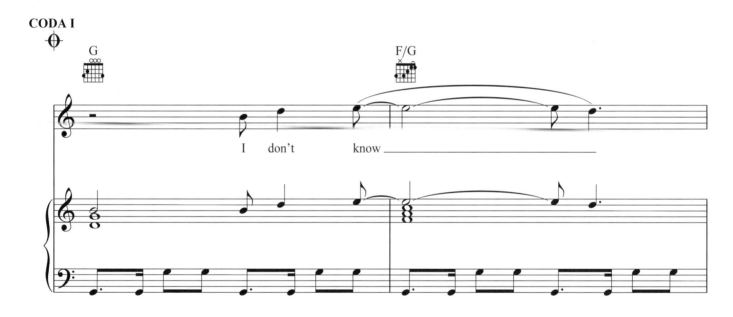

I can't say, ___ as I _____ can't see. ___

Play 4 times

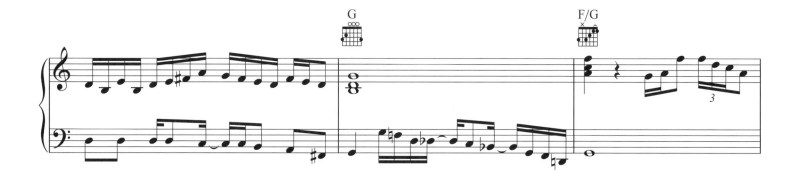

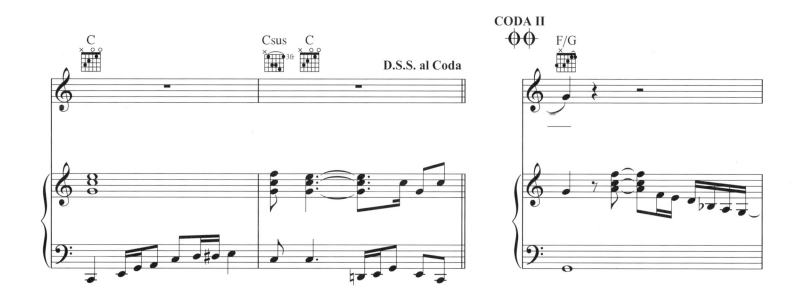

D.S.S. al Coda

CODA II

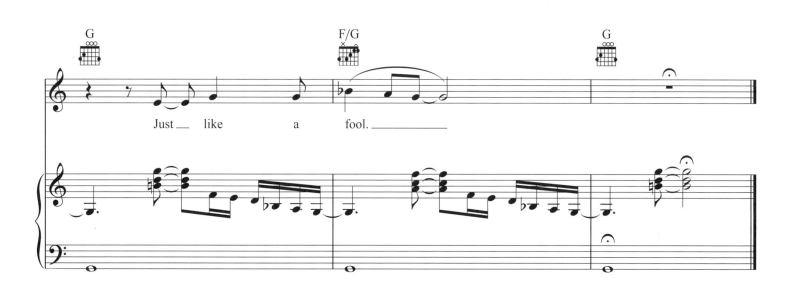

Just like a fool.

DEMONS

Words and Music by GREGG ALLMAN,
DANIEL TOLER and DAVID TOLER

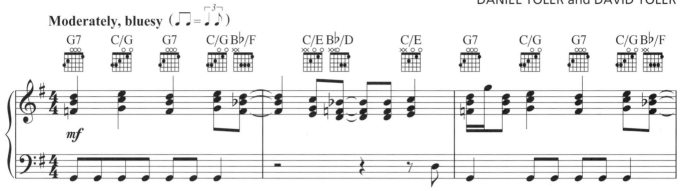

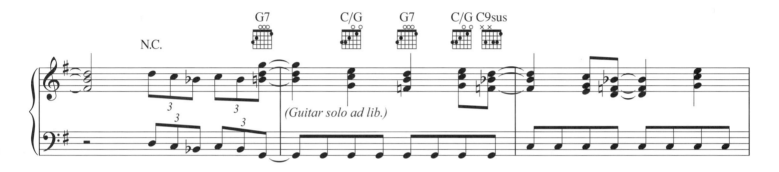

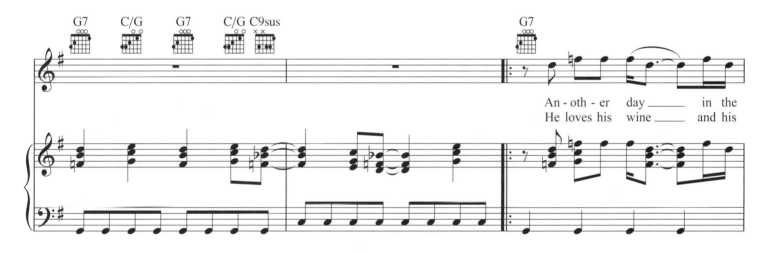

An-oth-er day _____ in the
He loves his wine _____ and his

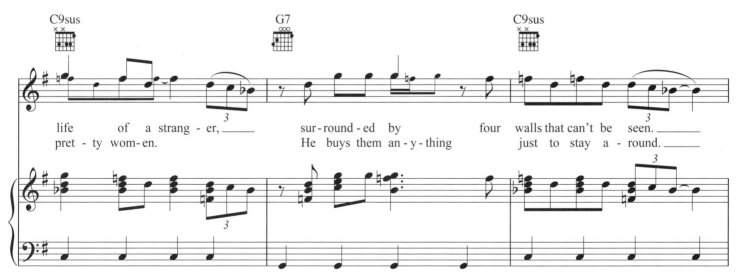

life of a strang-er, _____ sur-round-ed by four walls that can't be seen. _____
pret-ty wom-en. He buys them an-y-thing just to stay a-round. _____

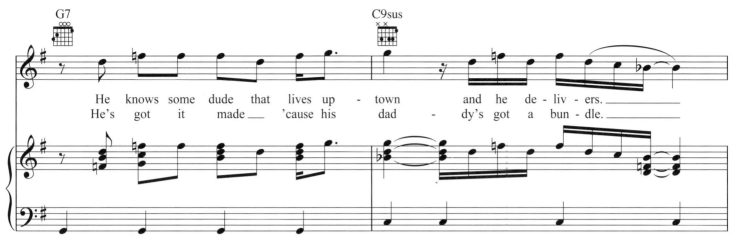

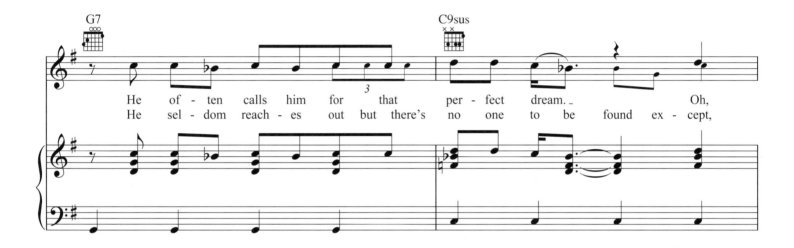

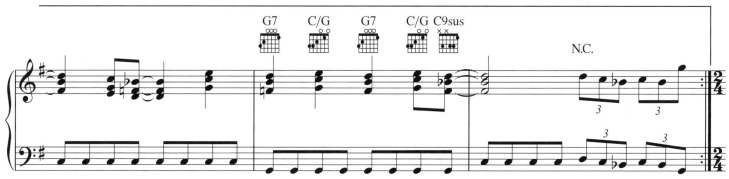

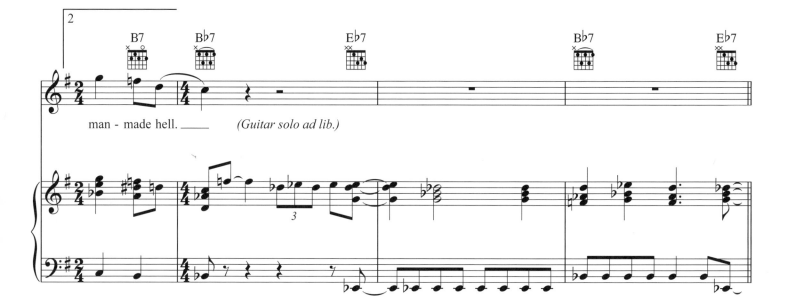

man - made hell. _____ *(Guitar solo ad lib.)*

(Organ solo ad lib.)

Oh, ___ he's got his de-mons. ___ They

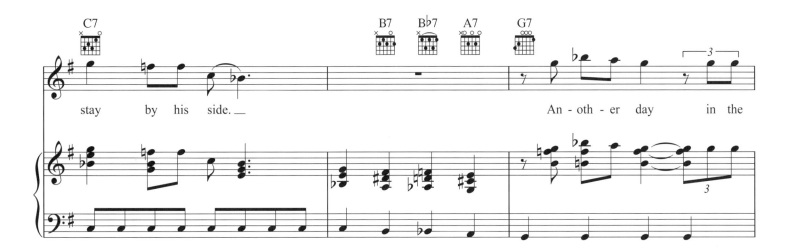

stay by his side. ___ An-oth-er day in the

life of the lone-ly. ___ All a-lone in a sold out crowd. ___

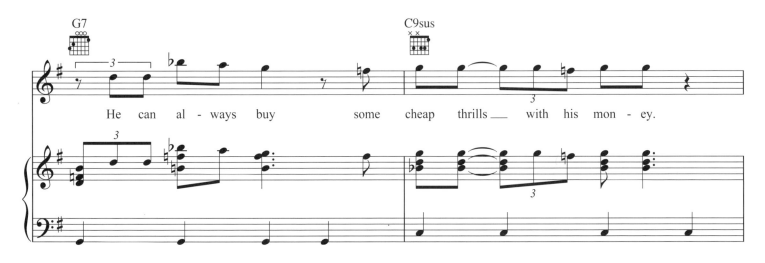

He can al-ways buy some cheap thrills ___ with his mon-ey.

This world of si - lence's get - tin' so damn loud, yeah. ____ *(Guitar solo and lead vocal ad lib.)*

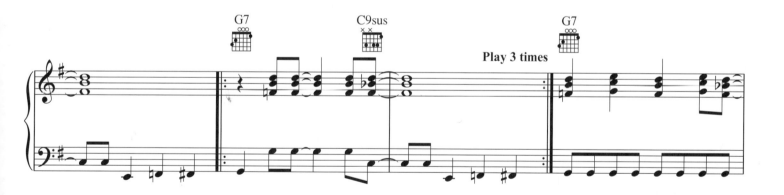

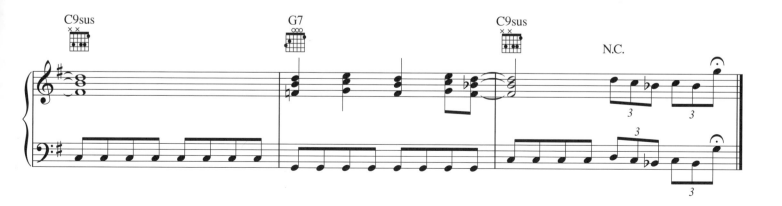

DON'T KEEP ME WONDERIN'

Words and Music by
GREGG ALLMAN

Moderate Blues Rock

Oh, _____ tell me 'bout the car _____ I saw _____
I think a - bout the bad _____ times. _____
Well, I _____ think I'm gon - na go now,

parked out - side your door. _____
I think a - bout yours and mine. _____
but you know that I'll be back. _____

Tell me what you left me wait - in'
You were lost in the sil - ver spoon, _____
You can think it o - ver, ba - by,

two or three hours ___ for.
I pulled you out in ___ time.
tell me how you're gon - na act.

Tell me why when the phone rings ba - by,
But I hope that you got rea - sons ___
And I'm gon - na keep on hold - in' on ___

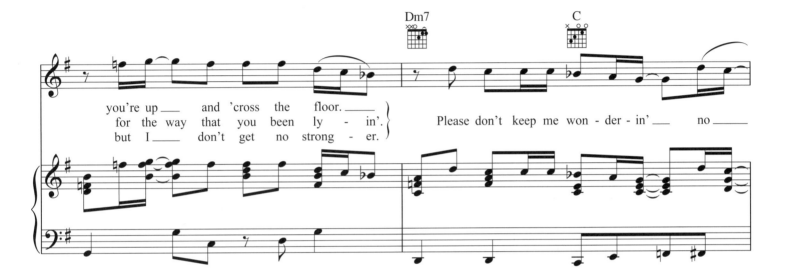

you're up ___ and 'cross the floor. ___
for the way that you been ly - in'.
but I ___ don't get no strong - er.

Please don't keep me won - der - in' ___ no ___

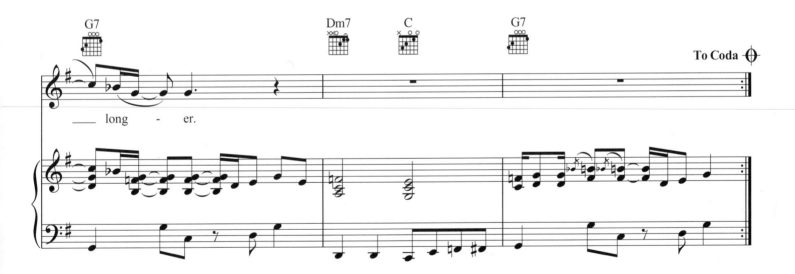

___ long - er.

To Coda ⊕

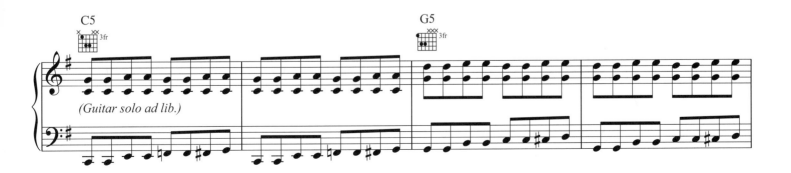

(Guitar solo ad lib.)

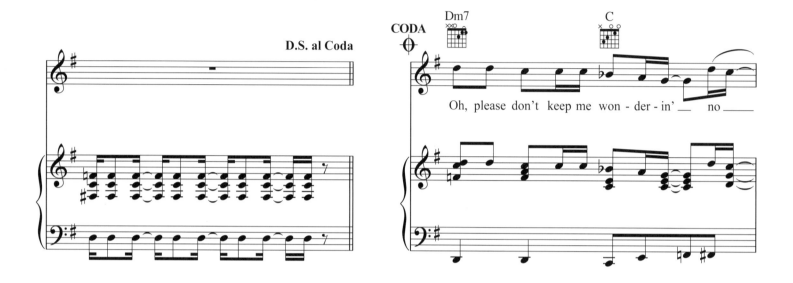

DREAMS I'LL NEVER SEE

Words and Music by
GREGG ALLMAN

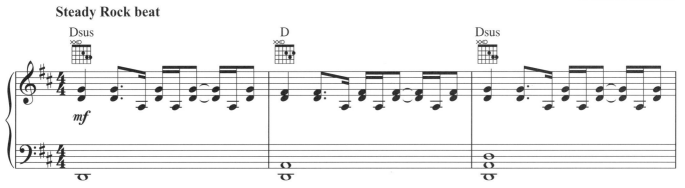

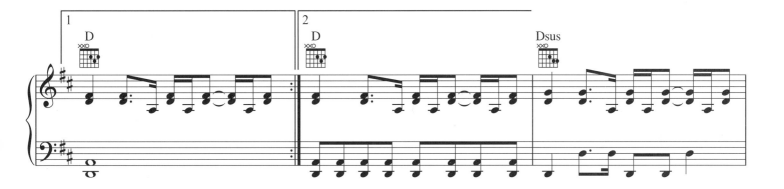

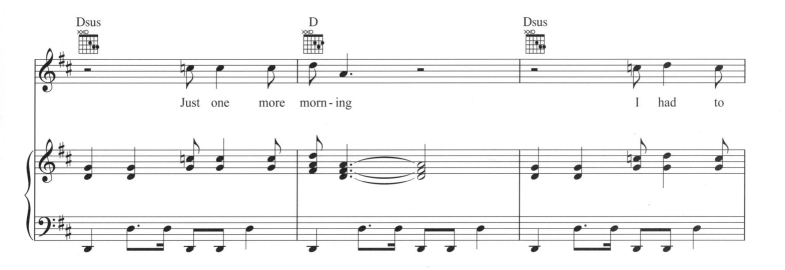

Just one more morn-ing   I had to

wake up with the blues. Pulled my - self out of bed, __ yeah,

put on my walk-ing shoes. Climb up __ on a

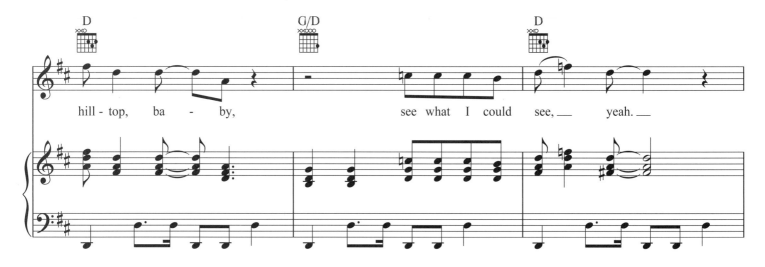

hill - top, ba - by, see what I could see, __ yeah. __

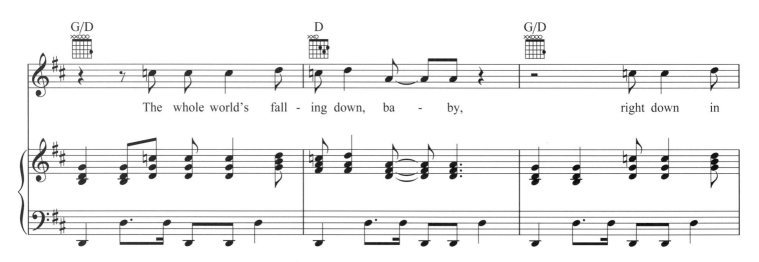

The whole world's fall - ing down, ba - by, right down in

front of me. ___ And I've been hung up on ___ dreams I'm nev-er gon-na see, yeah.

Lord, help me, ba - by.

Dreams get the best of me, ___ yeah.

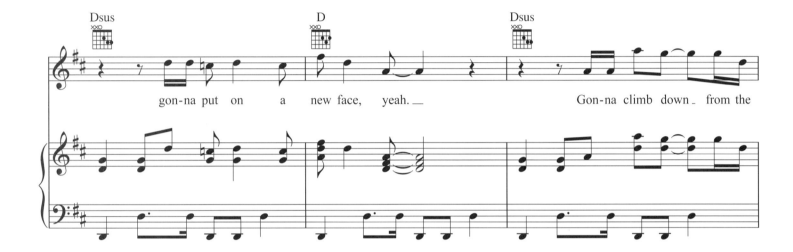

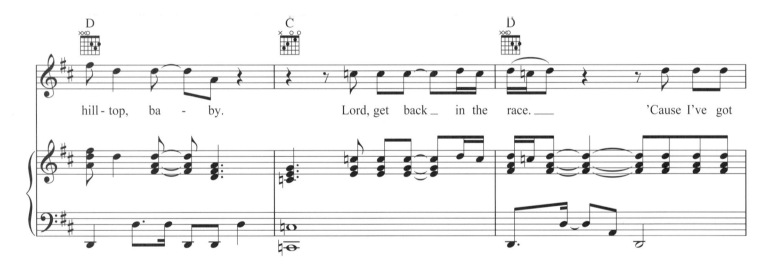

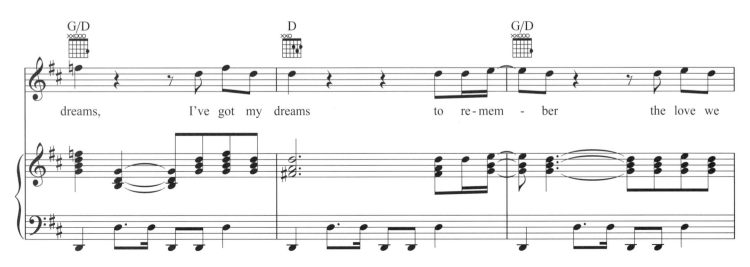

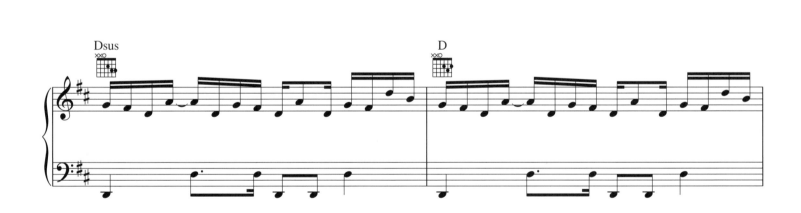

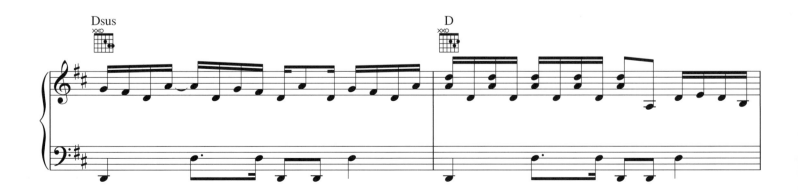

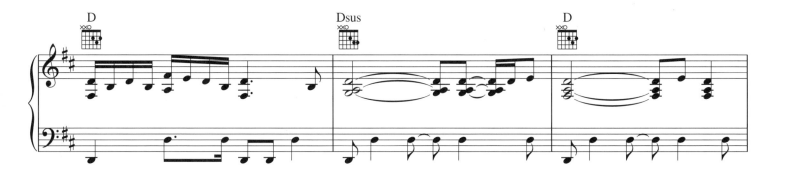

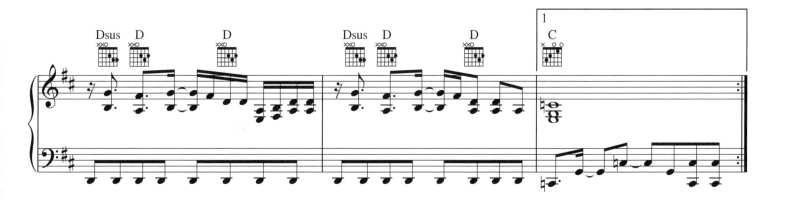

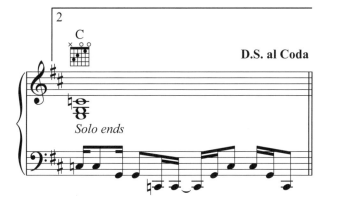

FLOATING BRIDGE

Words and Music by
JOHN ESTES

Moderate Country Blues

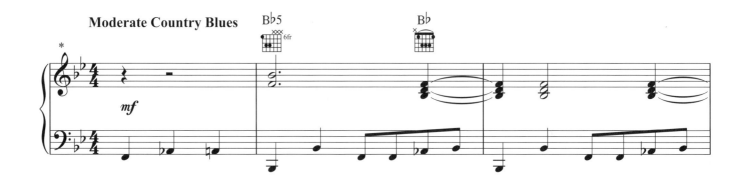

Well, I nev-er will for-get ___
I was go-in' down ___
car-ried me out the
(Guitar solo ad lib.)

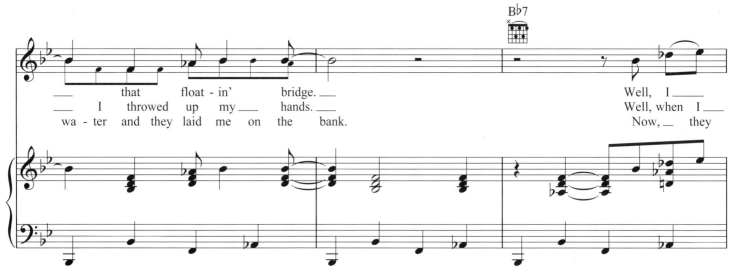

___ that float-in' bridge. ___
___ I threw up my ___ hands. ___
wa-ter and they laid me on the bank.

Well, I ___
Well, when I ___
Now, ___ they

Recorded a half step higher.

I'M NO ANGEL

Words and Music by TONY COLTON
and PHIL PALMER

Recorded a half step higher.

And I know ba - by, so I've got scars
Oh, come on, __ ba - by. Come and let me show

up - on my cheek. __ And I'm half cra - zy,
you my tat - too. __ Let me drive you cra - zy,

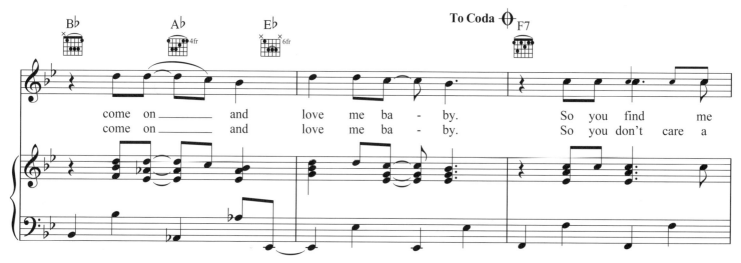

come on __ and love me ba - by. So you find me
come on __ and love me ba - by. So you don't care a

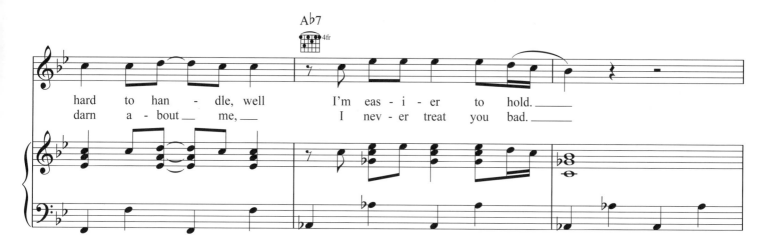

hard to han - dle, well I'm eas - i - er to hold. __
darn a - bout __ me, __ I nev - er treat you bad. __

So you like my spurs____ that jin - gle and / I nev - er leave you cold.____
I won't ev - er lift a hand to hurt____ you and I'll / al - ways____ leave you glad.____

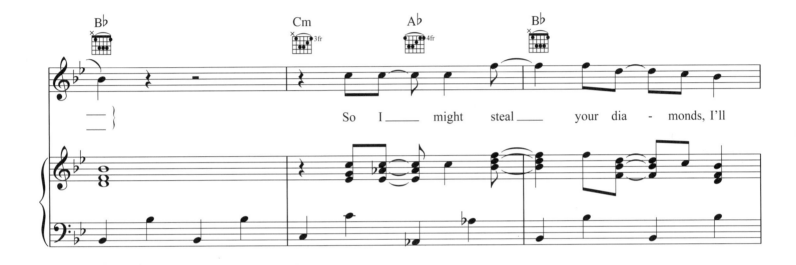

So I _____ might steal _____ your dia - monds, I'll

bring you back some gold. ____ I'm no an - gel. _____

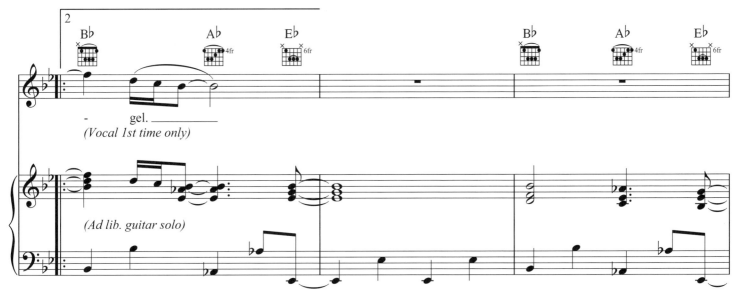

- gel. _____

(Vocal 1st time only)

(Ad lib. guitar solo)

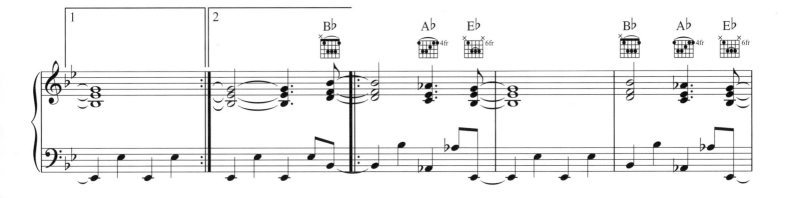

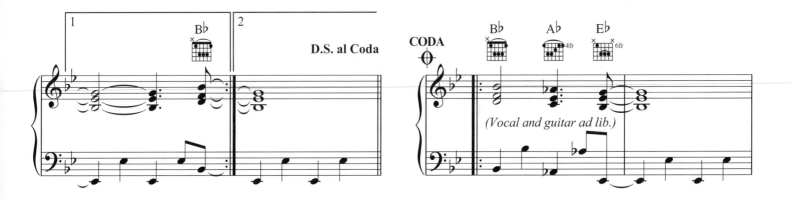

D.S. al Coda

CODA

(Vocal and guitar ad lib.)

Optional Ending

Repeat and Fade

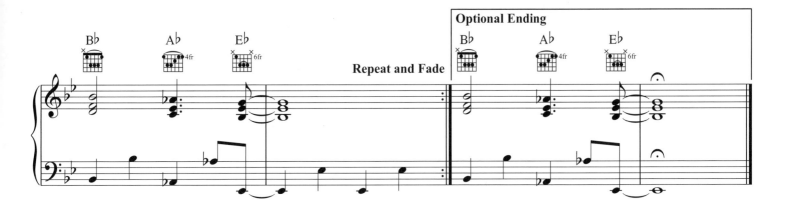

ISLAND

Words and Music by GREGG ALLMAN,
TONY COLTON, JOHNNY NEEL
and DANIEL TOLER

Moderate groove

Some - times ___ it seems ___ like on - ly yes - ter - day. ___

Oth - er times, more _____ than a mil - lion years. ___

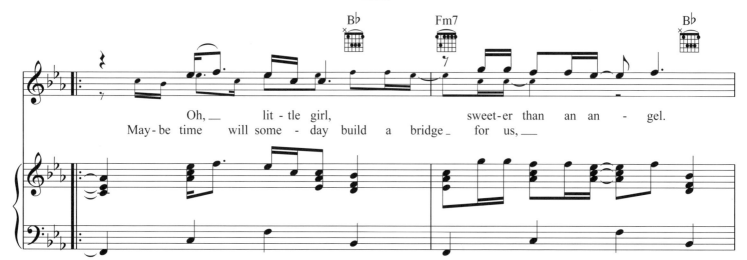

Oh, ___ lit - tle girl, sweet - er than an an - gel.
May - be time will some - day build a bridge ___ for us, ___

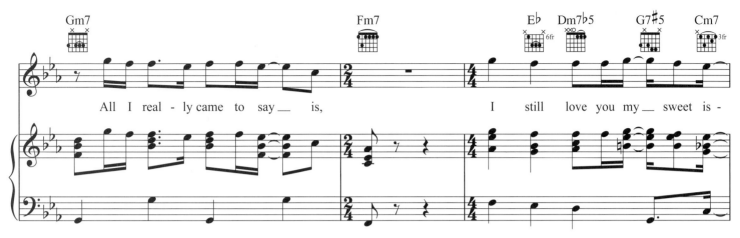

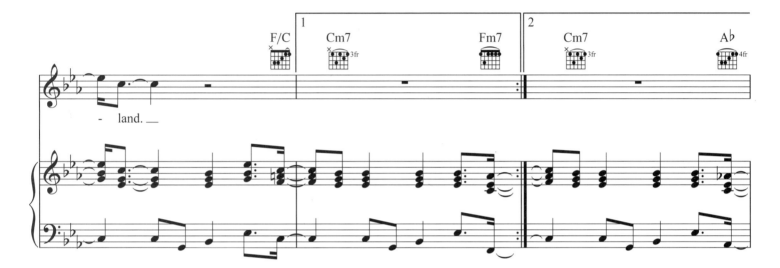

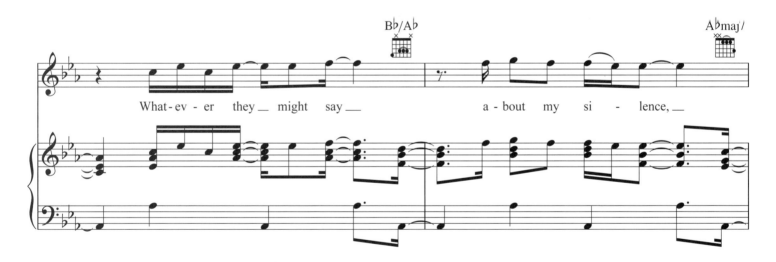

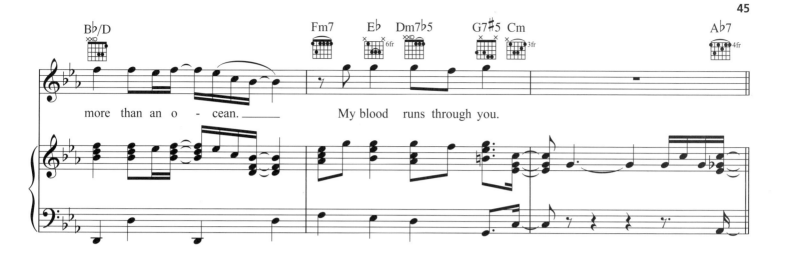

more than an o - cean._____ My blood runs through you.

(Ad lib. guitar solo)

She can wash the land a - way, __

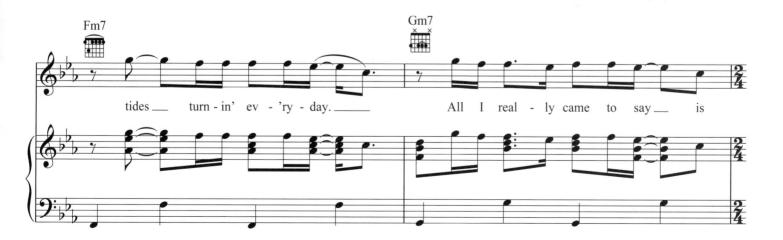

tides __ turn-in' ev - 'ry - day._____ All I real - ly came to say __ is

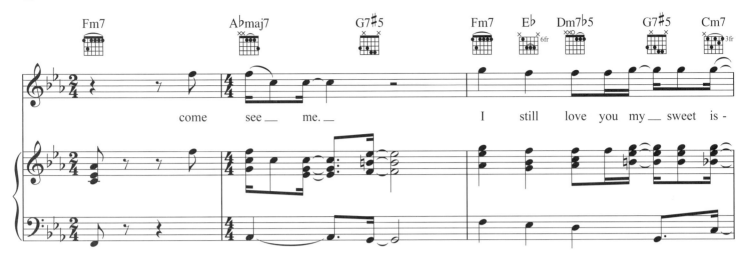

come see — me. — I still love you my — sweet is-

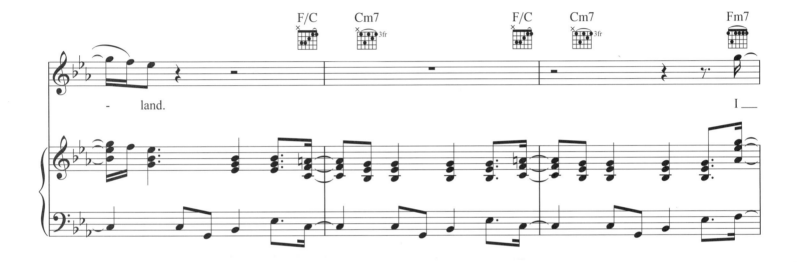

- land. I —

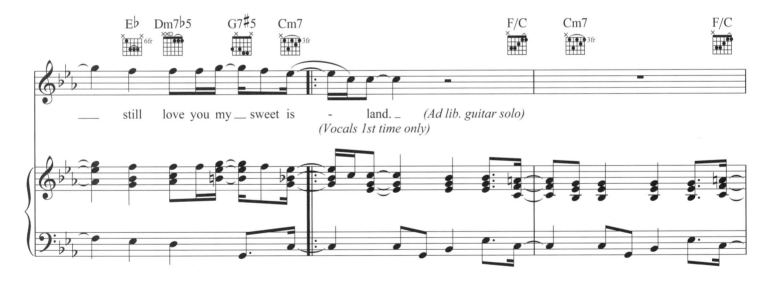

— still love you my — sweet is - land. — *(Ad lib. guitar solo)*
(Vocals 1st time only)

Repeat and Fade | **Optional Ending**

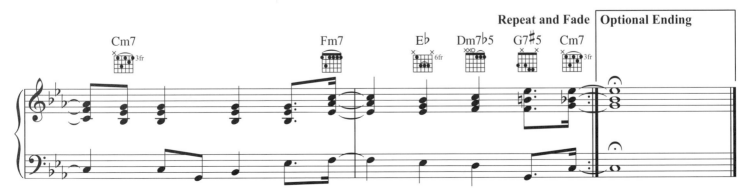

IT'S NOT MY CROSS TO BEAR

Words and Music by
GREGG ALLMAN

Slow Blues

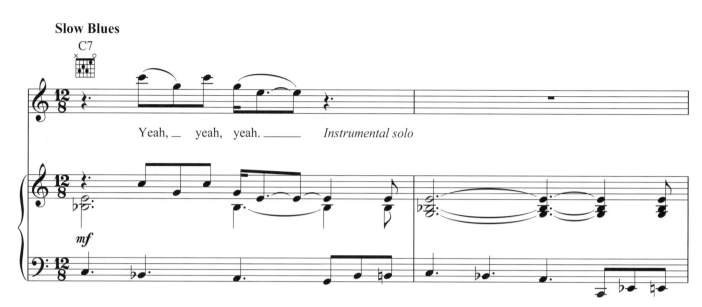

Yeah, __ yeah, yeah. _____ *Instrumental solo*

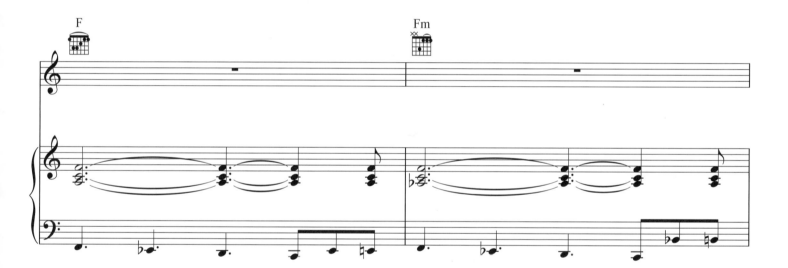

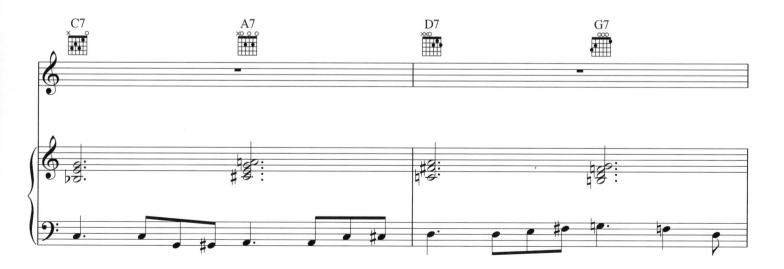

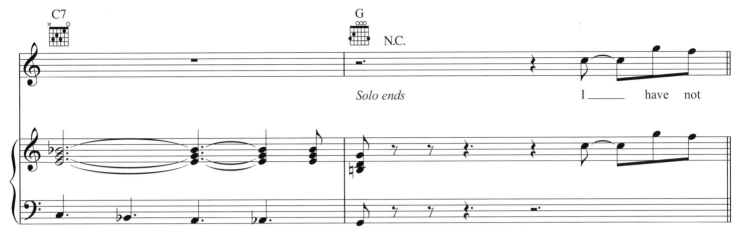

Solo ends

I _____ have not

come, _____ yeah, _____ to tes - ti - fy _____
let - ter. _____ Was just the oth - er day.

a - bout our bad, bad _ mis - for - tune, _____ and I ain't here a - won - d'ring why. _____
I said, "Sure as a sun - rise, ba - by, _____ to - mor - row I'll be up and on my way." _

But I live on, and I'll _ be strong, _ 'cause it just ain't my _

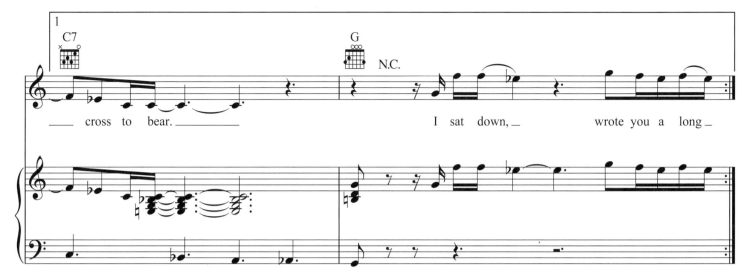

cross to bear. _____ I sat down, ___ wrote you a long ___

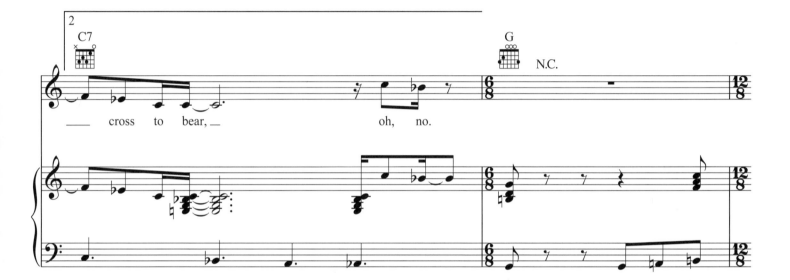

cross to bear, ___ oh, no.

Instrumental solo

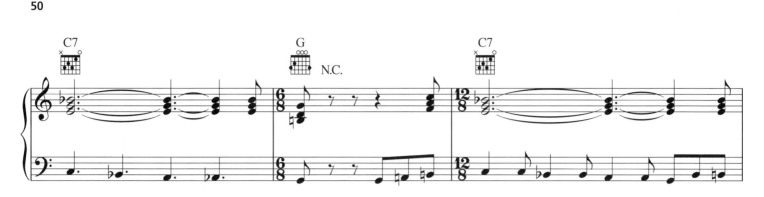

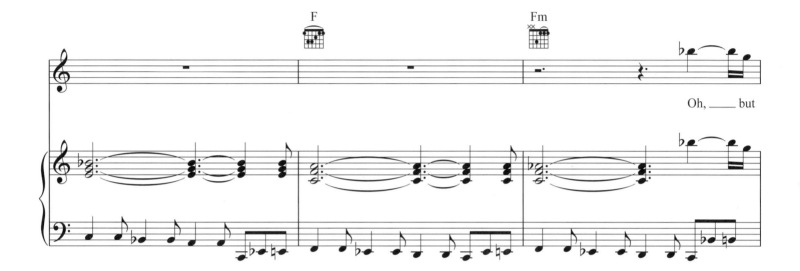

Oh, _____ but

I'll live on, _____ and I'll _ be strong, _ 'cause it just ain't my

cross _ to bear, _____ yes, now, babe. __

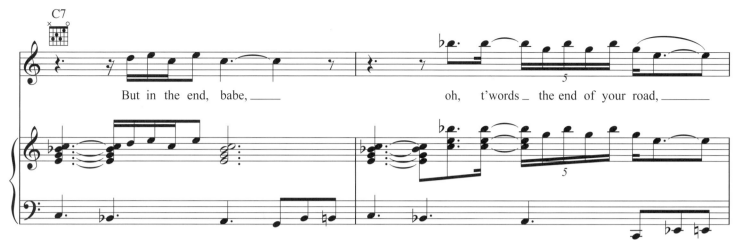

But in the end, babe, _____ oh, t'words _ the end of your road, _____

don't reach out for me, babe, _____ 'cause I'm _ not gon-na car-ry your load. _

But I'll live on, _____ and I'll be strong. _ It just ain't my _

Repeat and Fade

cross to bear. _

JUST ANOTHER RIDER

Words and Music by GREGG ALLMAN
and WARREN HAYNES

Moderate Soul

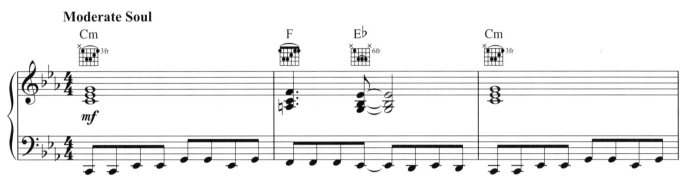

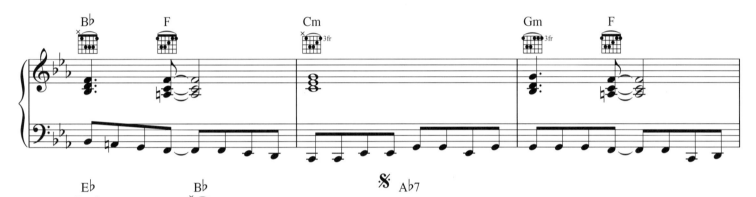

Day - light a - gain, ___
Do you re - mem - ber, ___

mem - o - ries fall __ like __ rain.
blue skies were shin - in'

Re - mind you _____ to take it slow.
and mon - ey flowed, _____ flowed __ like

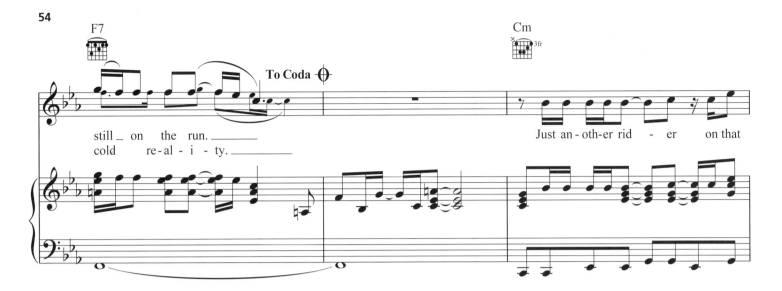

still _ on the run. _____
cold re - al - i - ty. _____

Just an - oth - er rid - er on that

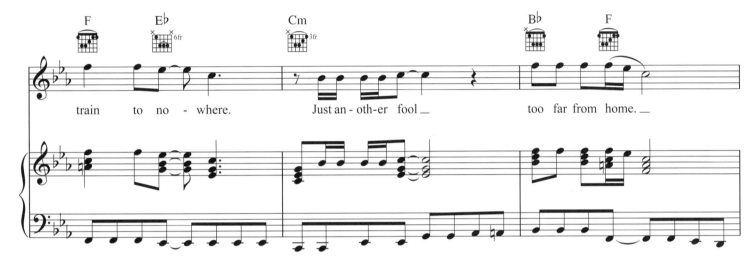

train to no - where.

Just an - oth - er fool _

too far from home. _

Just an - oth - er strang - er _____

try'n _ to get some - where.

Some - where

but you're still all a - lone. _

Watch-in' the world ____ pass-in' you by ____ 'cause you tell ev-'ry-bod-

-y ____ you must be cursed. ____ Tell them all ____ how you

try, try, try ____ but your luck ___ keeps get-tin' worse. ____

Seems ___ like such a long, long time ___ since you've had ____ a

lit-tle peace of mind. _____ Just an-oth-er rid - er on that train to no - where.

Just an-oth-er fool _ too far from home. _ Just an-oth-er strang - er _____

try'n _ to get some - where. Some - where but you're still all a - lone. _

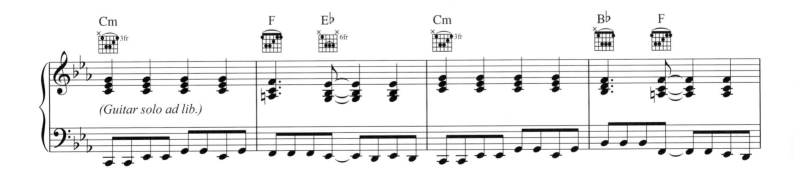

(Guitar solo ad lib.)

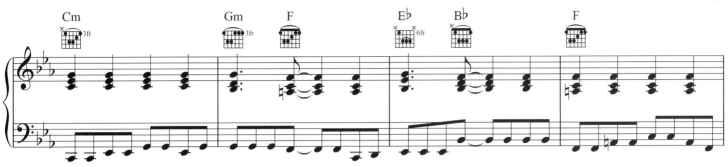

Punch your tick-et, __ drop your load. __ It's time __ for you, time for you to

get on board. __ I know __ you love __ it, you know it too. __

D.S. al Coda

But what in the world _____ has be-come of you?

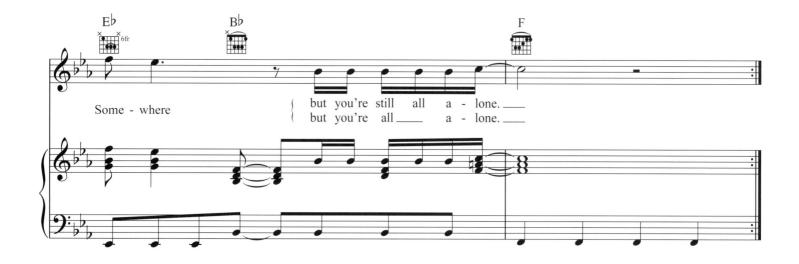

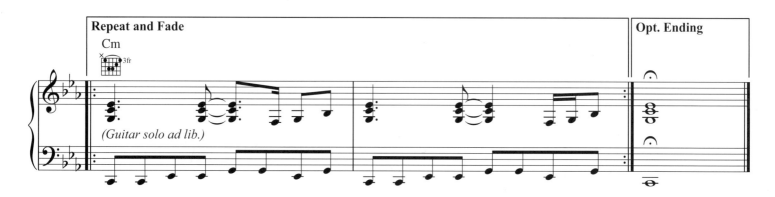

MY ONLY TRUE FRIEND

Words and Music by GREGG ALLMAN
and SCOTT SHARRARD

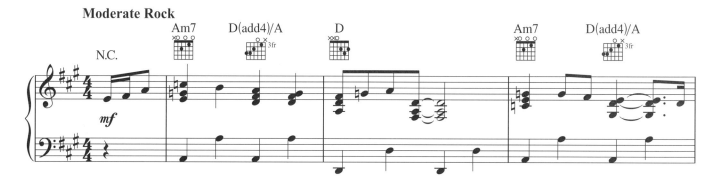

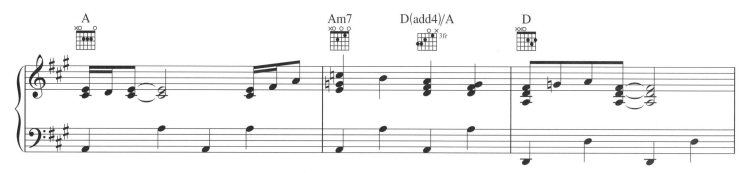

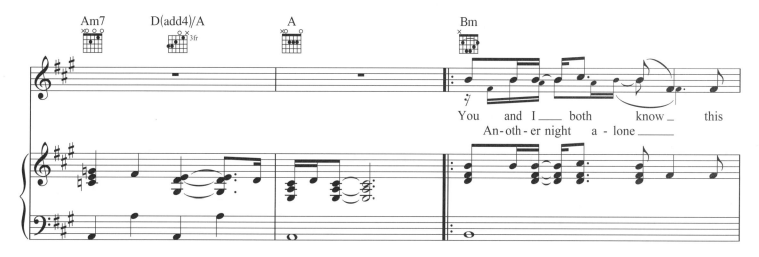

You and I___ both know___ this
An-oth-er night a-lone_____

riv-er will sure-ly flow___ to an end._____
but I see you in my dreams___ some-times.___

No

Keep me in _____ your heart _____ and keep your soul on _____ the mend. _____
mat - ter where ___ I go, ___ Lord _____ knows, you were al - ways on my mind. _____

I hope you're haunt - ed _____ by the mu - sic of my

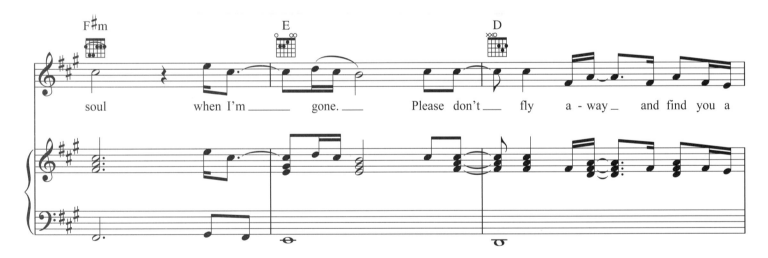

soul when I'm _____ gone. ___ Please don't ___ fly a - way___ and find you a

new _____ love. – (1.) { I can't face liv - in' this life _____ a - lone. ___ }
(2., D.S.) { I just can't face liv - in' this life _____ a - lone. ___ }

I can't

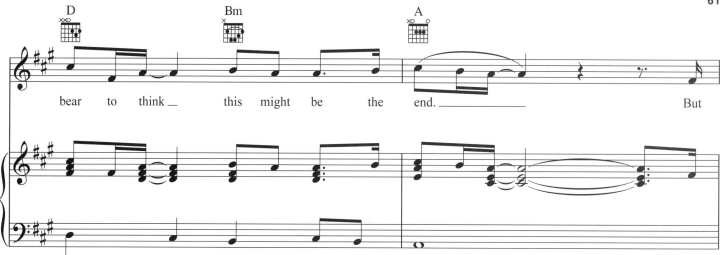

bear to think __ this might be the end. _____ But

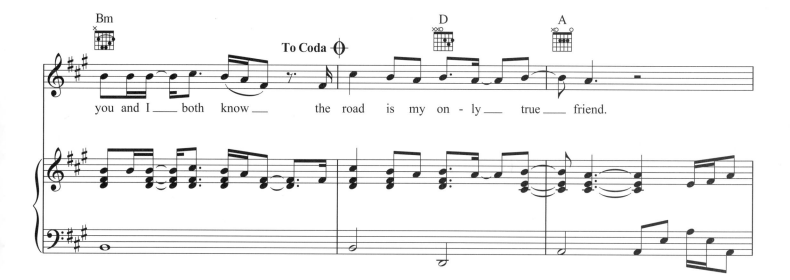

you and I __ both know __ the road is my on - ly __ true __ friend.

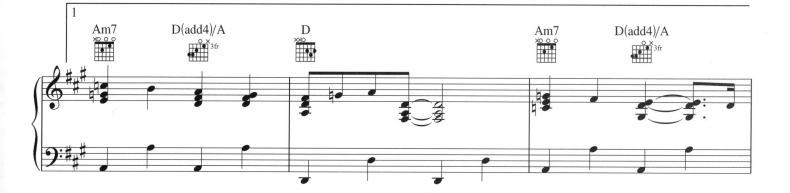

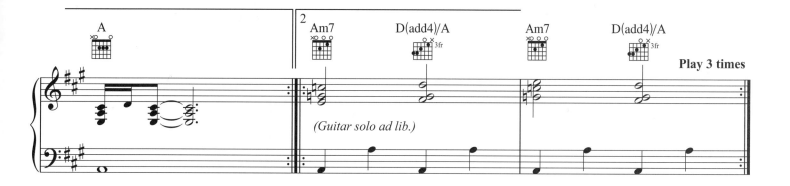

(Guitar solo ad lib.)

Play 3 times

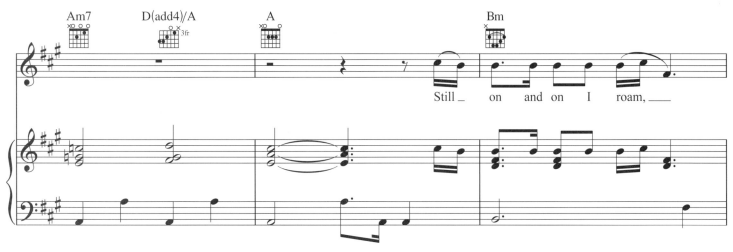

Still _ on and on I roam, ___

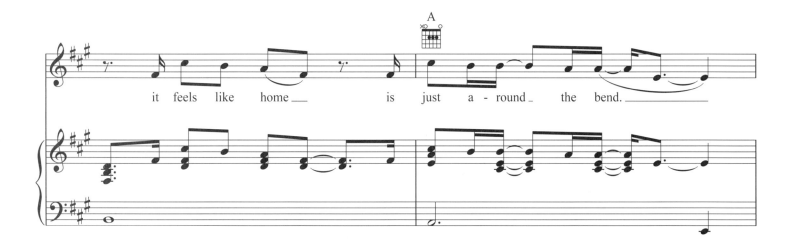

it feels like home ___ is just a - round _ the bend. _____

I've got so much left to give _____

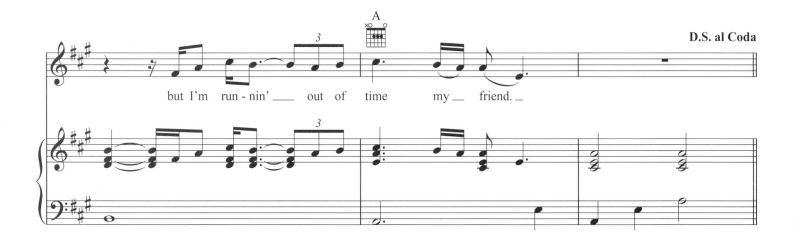

D.S. al Coda

but I'm run - nin' ___ out of time my _ friend. _

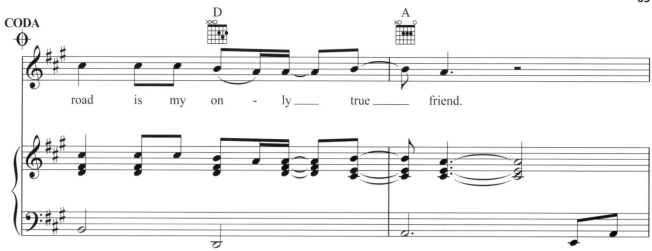

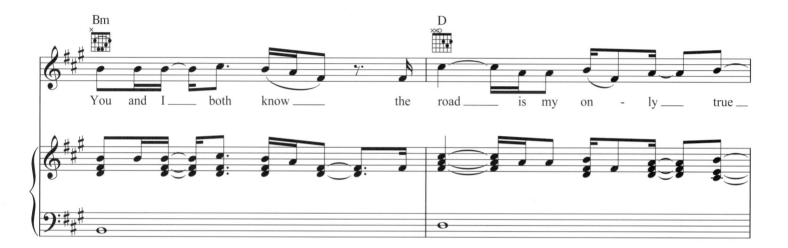

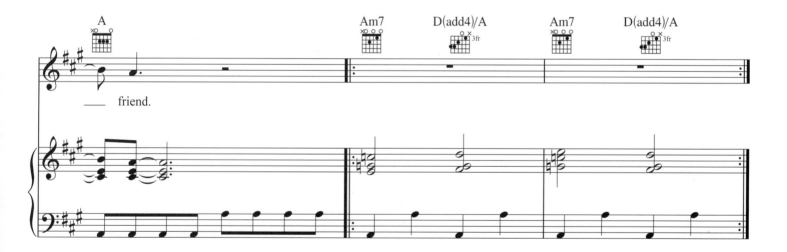

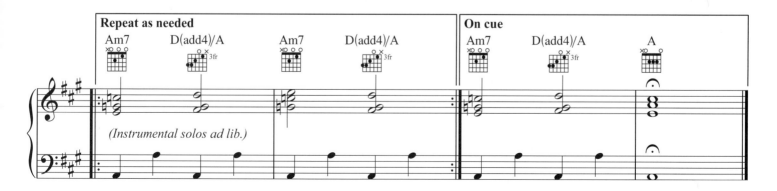

MELISSA

Words and Music by GREGG ALLMAN
and STEVE ALAIMO

Cross - roads, _
Freight _ train, _
Cross - roads, _

seem to come and go,
each car looks the same,
will you ev-er let him go?

yeah. _____
all the _____ same. _
No, no. _____

The gyp - sy flies _____ from coast to coast, _
And no one knows _____ the gyp - sy's name, _
Or will you hide _____ the dead man's ghost? _

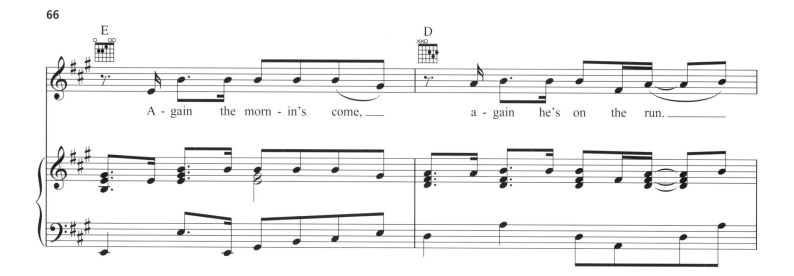

A - gain the morn - in's come, ___ a - gain he's on the run. ___

Sun - beams shin - in' through his hair, ___ bet - ter not to have a care, ___

so pick up your gear and gyp - sy roll ___ on, ___ roll ___ on. _

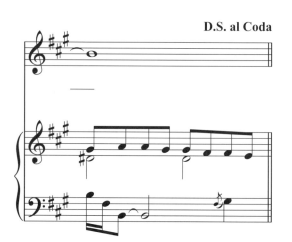

D.S. al Coda

Yes, I know ___ that he won't stay, ___ with - out Mel-

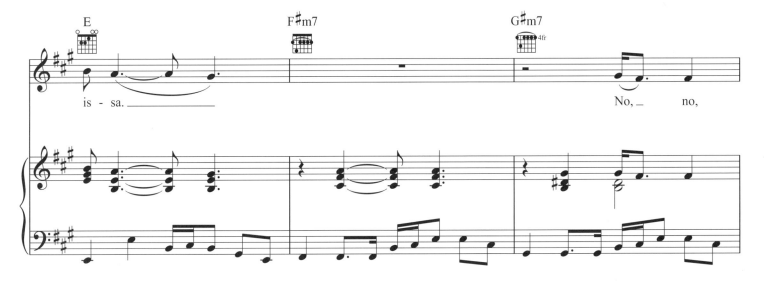

is - sa. _____ No, _ no,

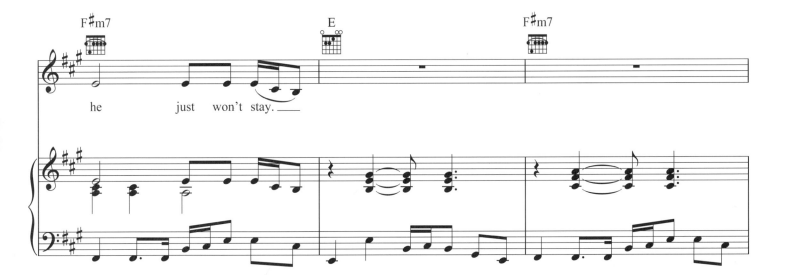

he just won't stay. _____

Repeat and Fade

MIDNIGHT RIDER

Words and Music by GREGG ALLMAN
and ROBERT KIM PAYNE

one more _____ sil - ver dol - lar. But I'm

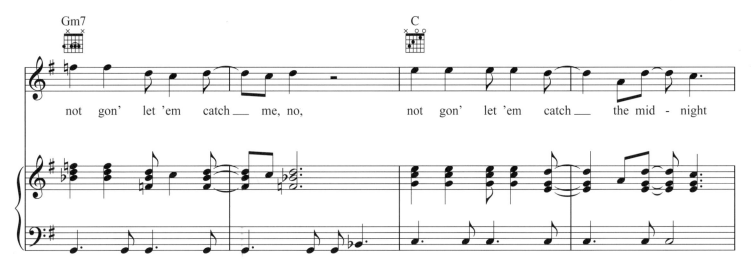

Gm7 | C

not gon' let 'em catch __ me, no, not gon' let 'em catch __ the mid - night

D

To Coda ⊕

rid - er. _____

1

And I don't

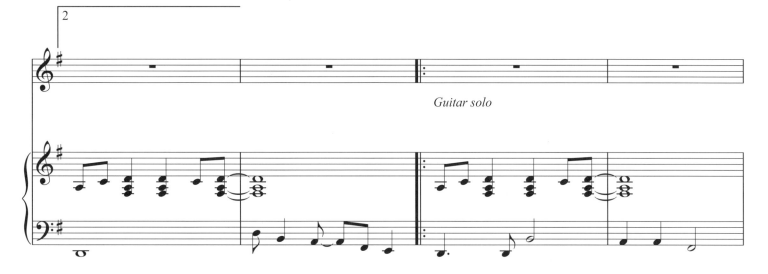

Guitar solo

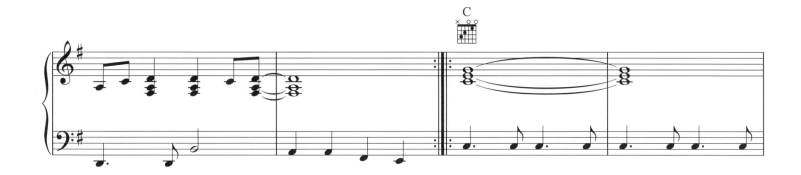

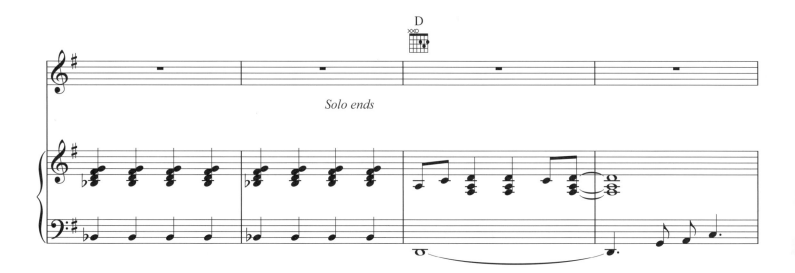

Solo ends

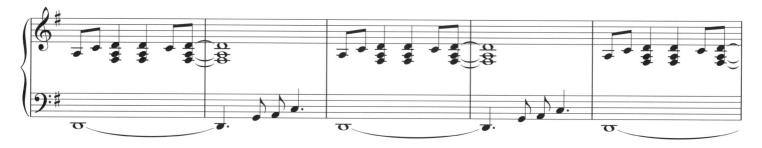

D.S. al Coda

CODA

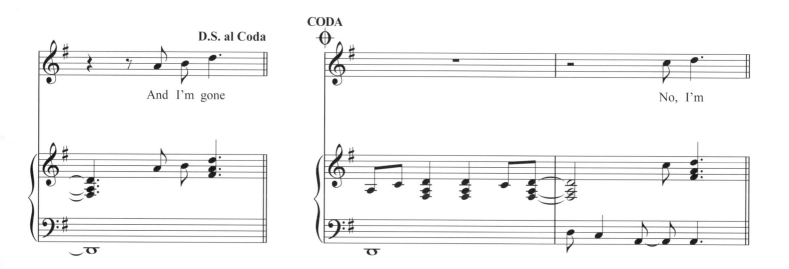

And I'm gone

No, I'm

Gm7   C

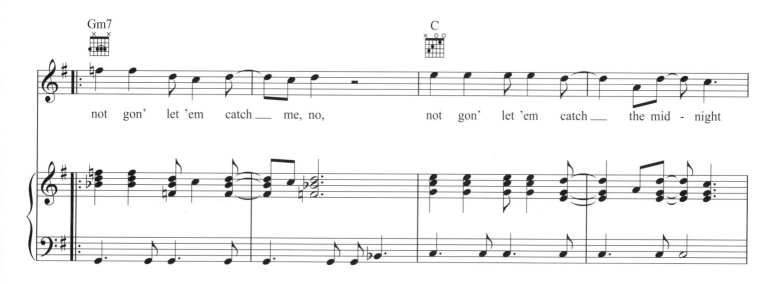

not gon' let 'em catch ___ me, no,   not gon' let 'em catch ___ the mid - night

D

Repeat and Fade

rid - er. _____   No, I'm

QUEEN OF HEARTS

Words and Music by
GREGG ALLMAN

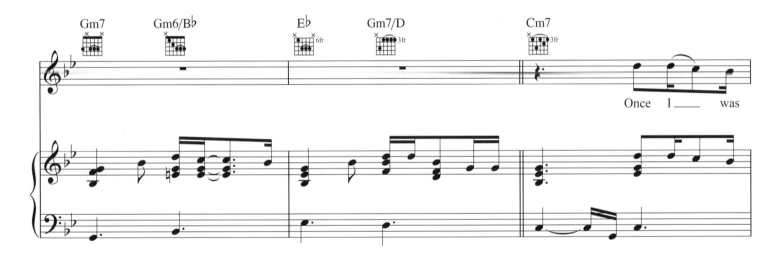

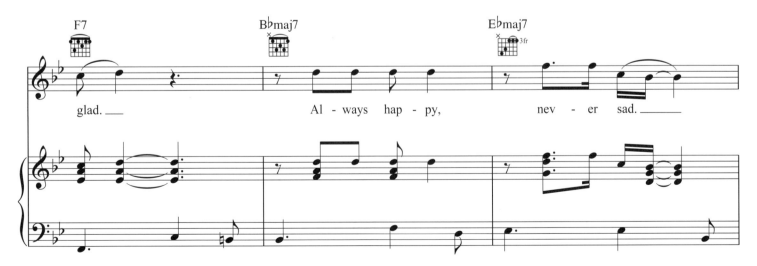

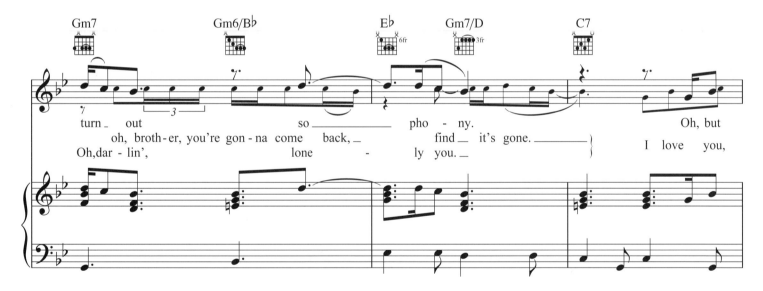

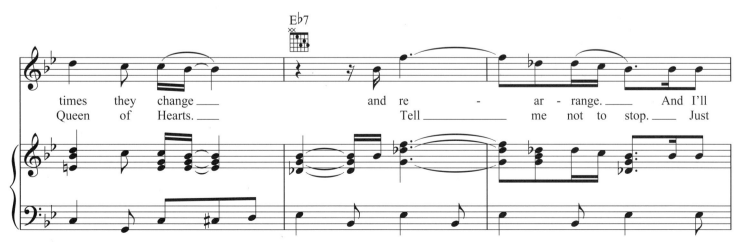

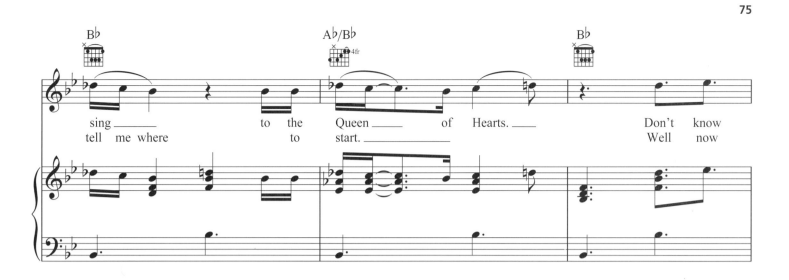

sing _____ to the Queen _____ of Hearts. _____ Don't know
tell me where to start. _____ Well now

where _____ to start _____ or how _____ to stop. _____
ba - by, tell me _____ where _____ to start. _____

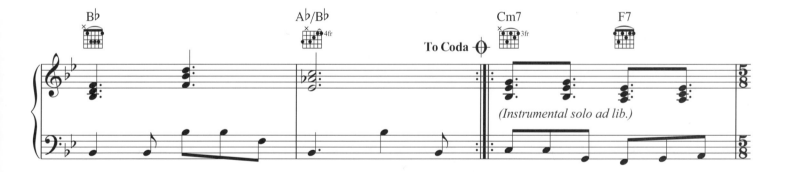

To Coda

(Instrumental solo ad lib.)

Play 4 times

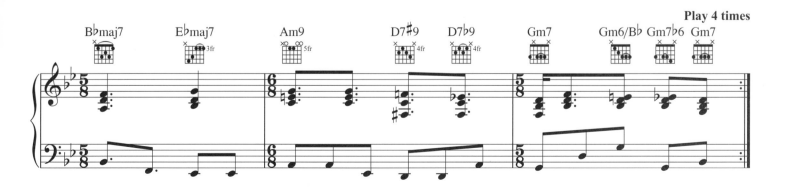

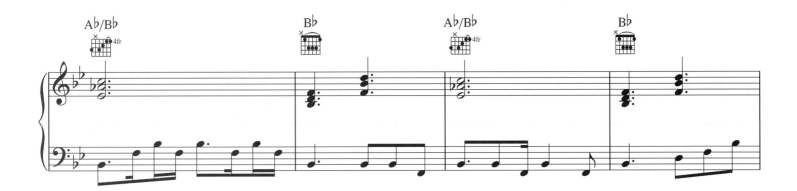

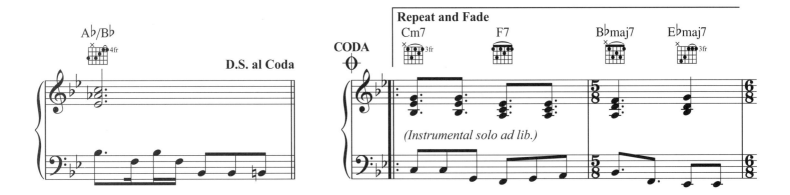

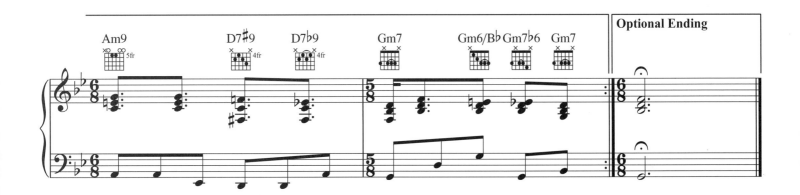

THESE DAYS

Words and Music by
JACKSON BROWNE

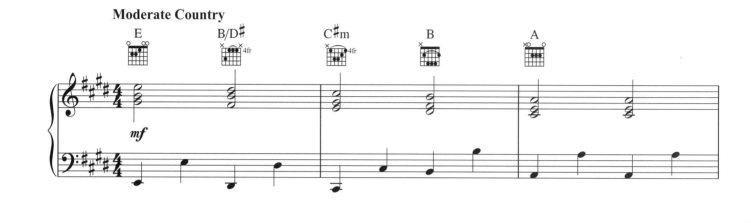

Well I've been out walk-in'.

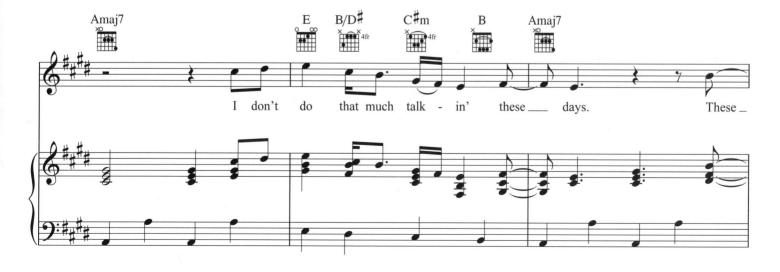

I don't do that much talk-in' these ___ days.   These ___

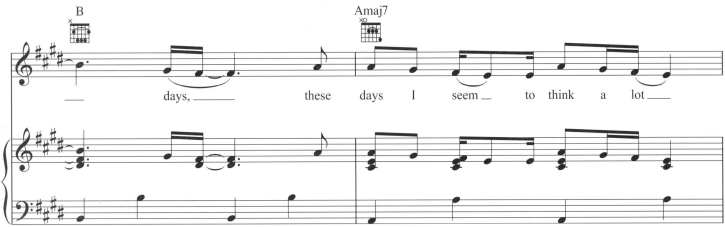

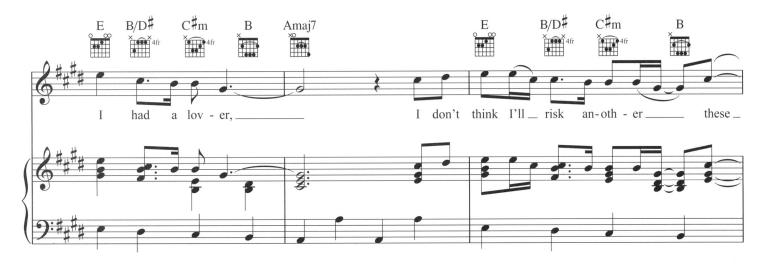

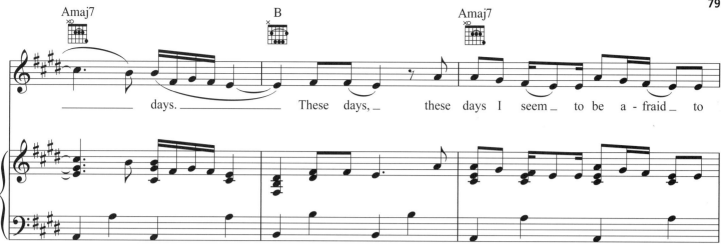

days. _____ These days, _ these days I seem _ to be a-fraid _ to

live the life _ that I've made in song. _ But it's

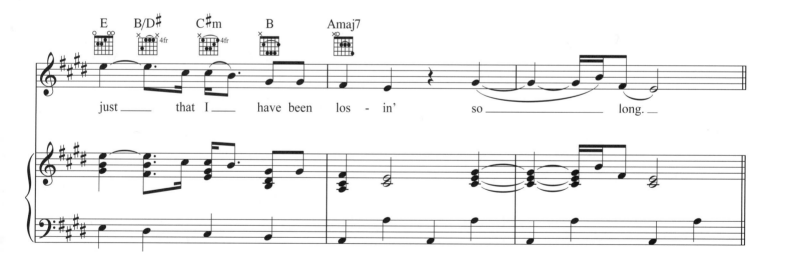

just ____ that I ____ have been los - in' so _____ long. _

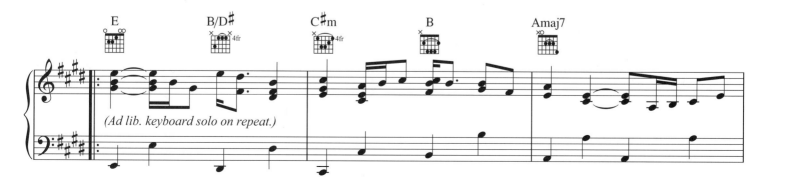

(Ad lib. keyboard solo on repeat.)

These days I sit on cor-ner-stones, __ count the time __ in quar-ter tones __ 'til

ten __ my __ friend. __ And I __ be-lieve __ I've come to

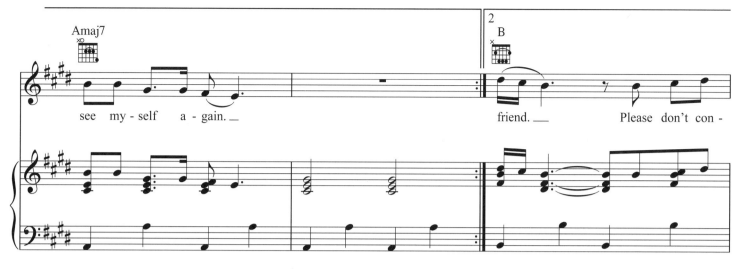

see my - self a - gain. friend. _____ Please don't con -

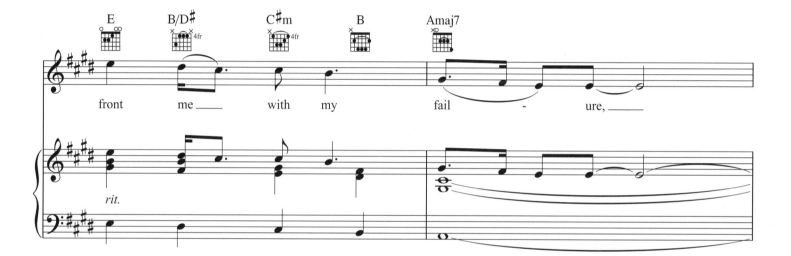

front me _____ with my fail - ure, _____

rit.

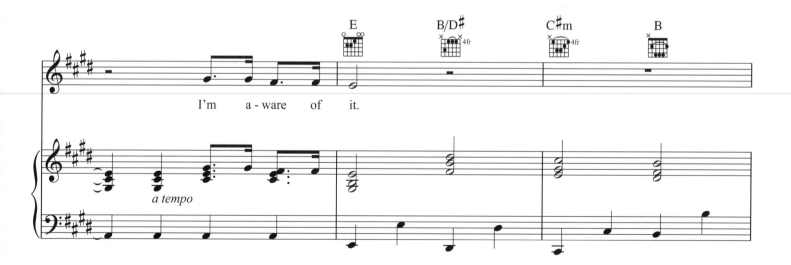

I'm a - ware of it.

a tempo

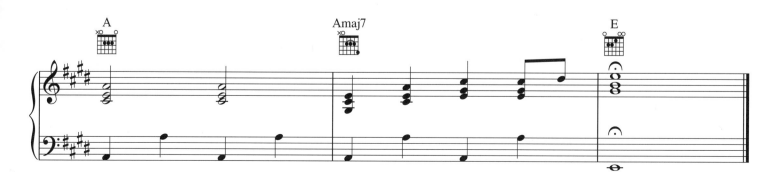

WHIPPING POST

Words and Music by
GREGG ALLMAN

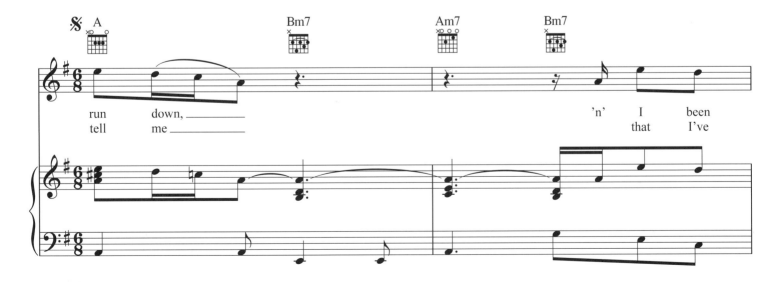

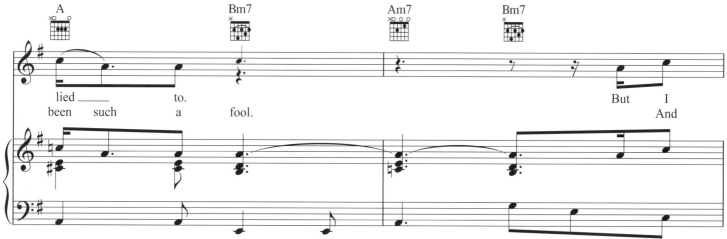

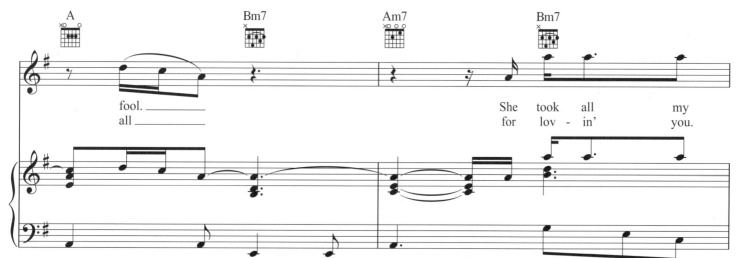

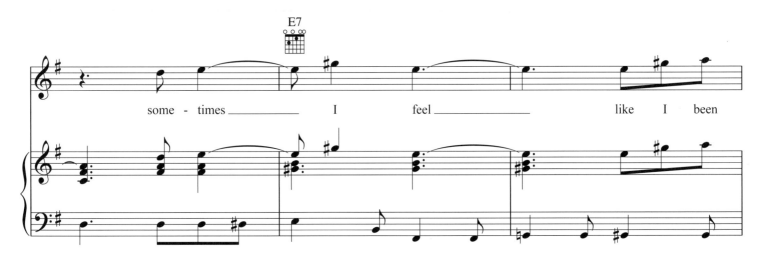

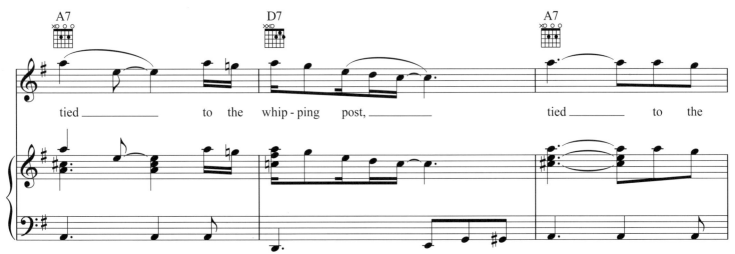

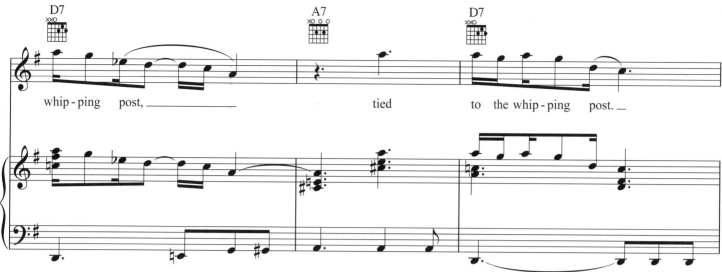

whip-ping post, _____ tied to the whip-ping post. _

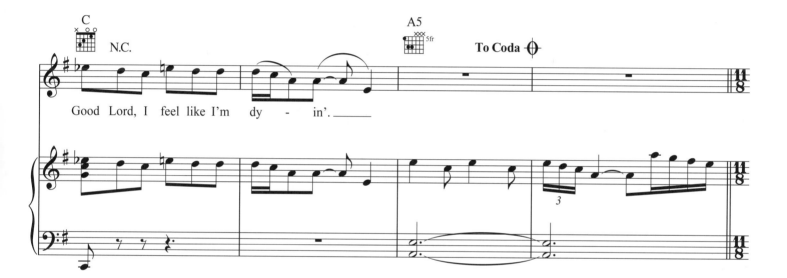

Good Lord, I feel like I'm dy - in'. _____

To Coda ⊕

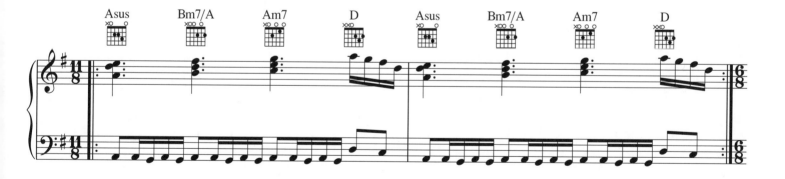

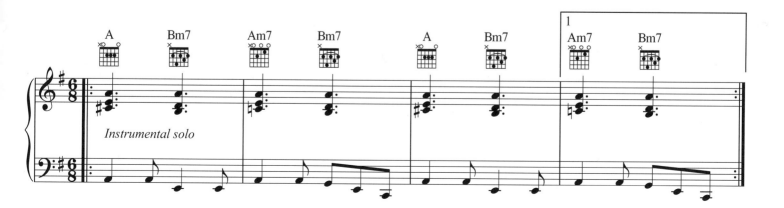

Instrumental solo

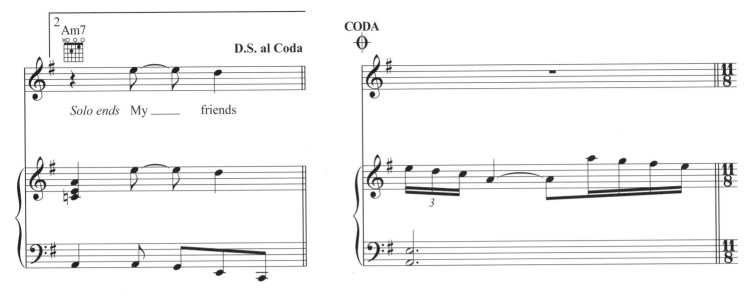

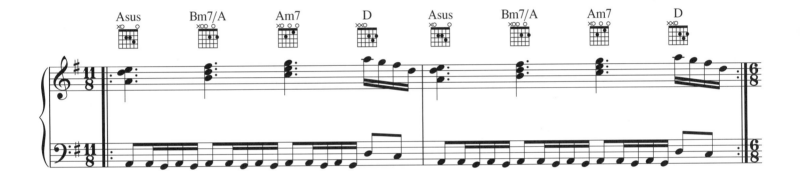

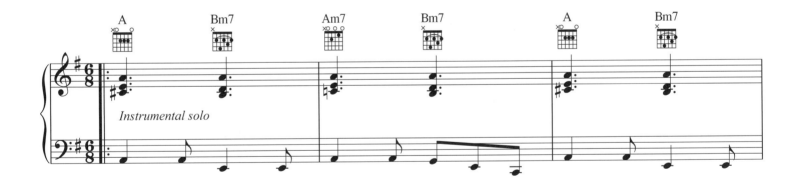

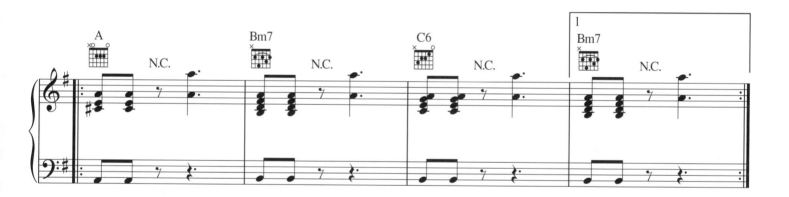

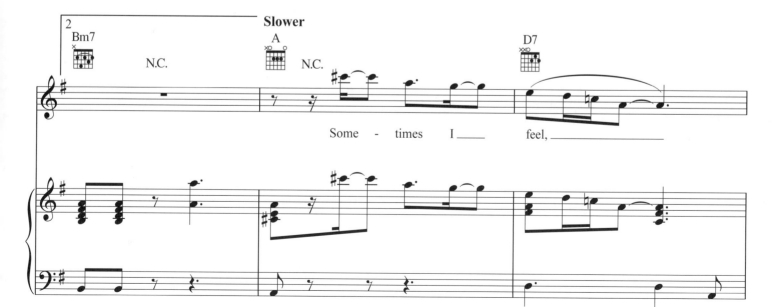

Some - times I ___ feel, ___

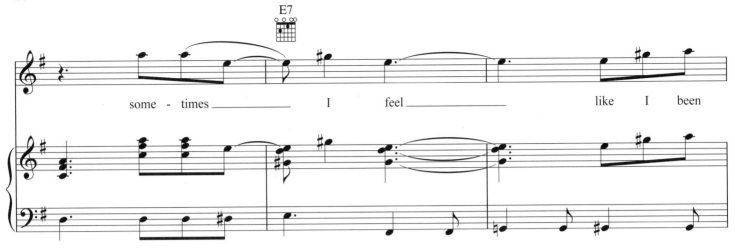

some - times _____ I feel _____ like I been

tied _____ to the whip - ping post, _____ tied _____ to the

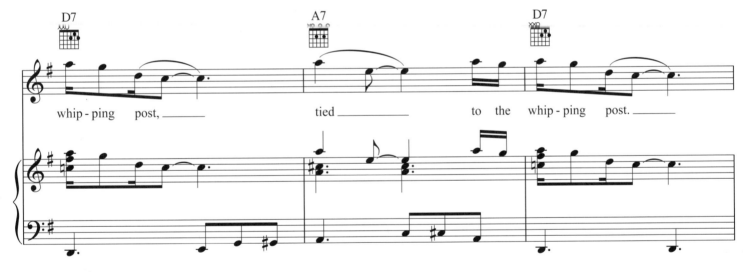

whip - ping post, _____ tied _____ to the whip - ping post. _____

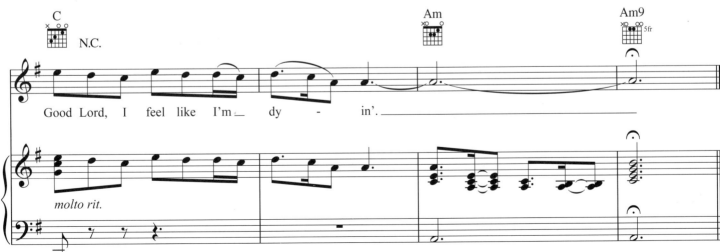

Good Lord, I feel like I'm__ dy - in'. _____